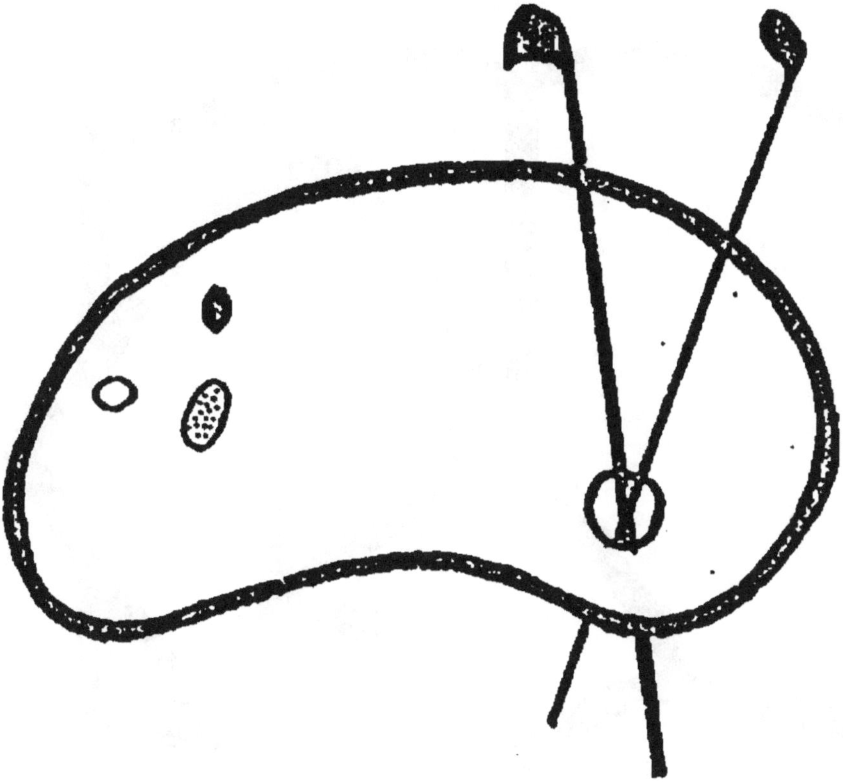

Couverture inférieure manquante

E. RODOCANACHI

# PIE VII A PARIS

## Et le Couronnement de l'Empereur

*Récit d'un prélat de la suite du Pape (Cancellieri)*

Extrait des *Souvenirs et Mémoires* du 15 Mars 1900

PARIS
LIBRAIRIE LUCIEN GOUGY, 5, QUAI CONTI

1900

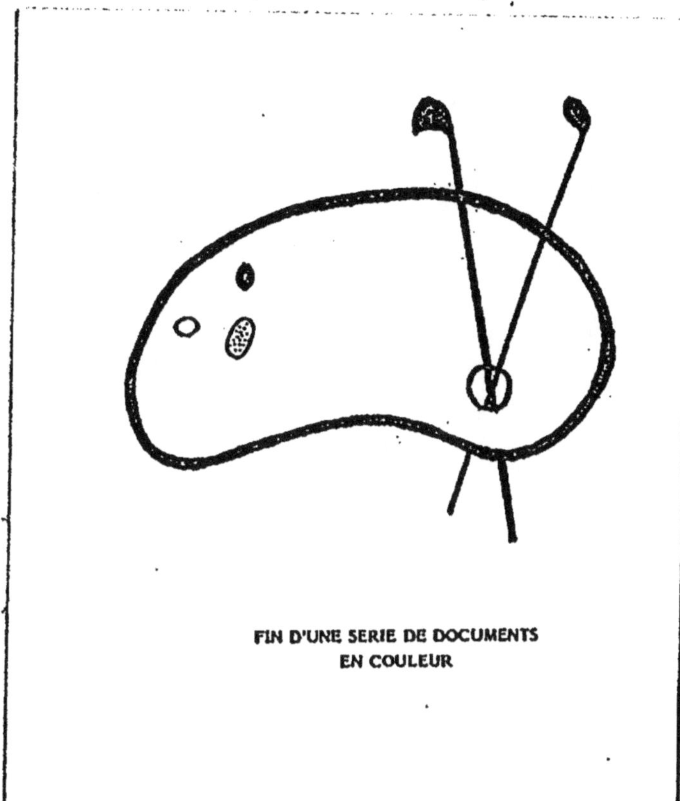

FIN D'UNE SERIE DE DOCUMENTS
EN COULEUR

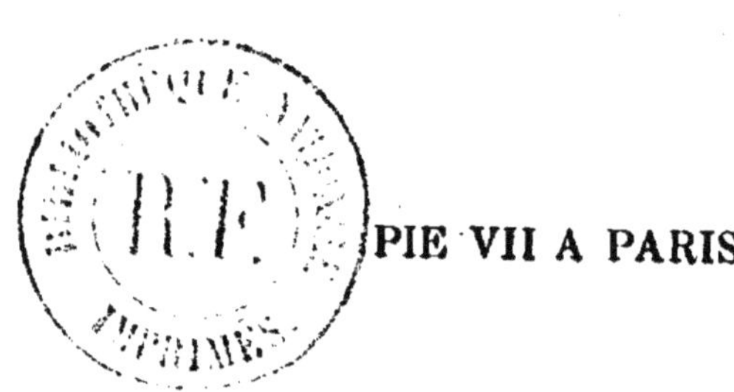

# PIE VII A PARIS

E. RODOCANACHI

# PIE VII A PARIS

## Et le Couronnement de l'Empereur

*Récit d'un prélat de la suite du Pape (Cancellieri)*

Extrait des *Souvenirs et Mémoires* du 15 Mars 1900

PARIS
LIBRAIRIE LUCIEN GOUGY, 5, QUAI CONTI
1900

# PIE VII A PARIS

## et le Couronnement de l'Empereur

*Récit d'un prélat de la suite du Pape (Cancellieri)*

---

L'abbé Cancellieri, dont nous résumons ici la relation, était à coup sûr l'érudit le plus abondamment instruit de ce siècle en tout ce qui touche à l'histoire et aux usages de la Cour de Rome ainsi qu'aux choses ecclésiastiques en général. Son érudition n'avait ni borne, ni mesure non plus; comme Bayle dont il fut l'émule à un certain point de vue, il parlait de tout abondamment, à propos de n'importe quel sujet; dans son livre sur les couronnements des papes, il raconte l'introduction des azeroles à Rome; dans une description des églises de Bologne, il indique un procédé pour guérir la teigne; en racontant le martyre de Sainte Simplicie, il trouve moyen de rappeler le présent d'éléphants couverts de pourpre que fit au peuple romain l'empereur Tibère; ses digressions furent même chantées en vers (1); les notes de ses ouvrages, qui en sont souvent la partie principale, constituent une véritable encyclopédie de l'histoire de l'Église et de Rome et l'on serait tenté de dire qu'il se dégage de son œuvre comme un parfum de magasin de bric-à-brac.

Lui-même avait coutume de dire que, de même que sur

(1) *E fo come l'abate Cancellieri*
*Che principiava dal Creal di Troia*
*E finia colle molle pe' brachieri.*

une table bien servie il doit se trouver plus de mets qu'il n'en faut pour rassasier les convives, de même, dans un livre, l'auteur doit introduire une certaine surabondance de matières, afin que le lecteur puisse y choisir ce qui lui convient. Ce n'est pas, au demeurant, que son œuvre ne soit sans mérite ; on y découvre maint renseignement curieux, maint détail enfoui dans des livres oubliés qu'il fut sans doute le dernier à compulser.

Sa relation du voyage de Pie VII à Paris nous le montre narrateur aimable et même amusant.

Le comte Alessandro Moroni a publié un catalogue détaillé des œuvres imprimées et inédites de l'abbé Cancellieri (1) ; ce catalogue est fort long, quoique incomplet ; Cancellieri écrivit dès l'âge de dix-sept ans et jusqu'au jour de sa mort, bien qu'il fût devenu presque aveugle et que les infirmités l'accablassent (2), et sa fécondité était telle qu'il composa l'éloge du cardinal Borgia en une nuit.

Le comte Moroni a fait précéder ce catalogue d'une biographie de l'abbé dans laquelle il résume, commente et rectifie un peu longuement (car le commerce littéraire d'un si acharné écrivain n'était pas sans danger, paraît-il), les études dont il avait déjà été l'objet et qui sont nombreuses (3).

(1) *Nuovo catalogo delle Opere edite ed inedite del abate Francesco Cancellieri.* Rome 1881.

(2) Il mourut à soixante-seize ans.

(3) En voici les principales :

*Ademollo, l'Abate Cancellieri, Rivista Europea*, 1877.

*Baraldi, Memorie di religione, di morale e di letteratura.* Modène, 1828, vol. XIII.

*Basseggio. Biografia degli italiani illustri del secolo XVIII*, Venise, 1838, vol. VI.

*Lovery, In Memorie romane di Antichità*, 1826, vol. III.

*Mercuri, Elogio detto nel Accademia latina.*

*Muzzarelli, Elogio detta in Arcadia, Giornale Arcadico*, 1827.

*Francesco Seni, Vita di Fr. Cancellieri.* Rome, 1893. C'est la meilleure biographie de l'abbé.

*Slepi, Elogio di Fr. Cancellieri*, Pérouse, 1827.

*Visconti, Elogio di Cancellieri letto nell Accademia tiberina.* Rome, 1827.

*Villarosa, Ultimi Uffici alla Memoria di Fr. Cancellieri.* Naples, 1827.

Cancellieri avait mérité d'illustres amitiés dont la plus durable fut celle du cardinal Antonelli, à la fortune duquel il s'attacha et qu'il suivit quand l'empereur l'exila à Sinigaglia en 1811 (1). Le cardinal, qui connaissait ses qualités d'historiographe et sa compétence en matière d'étiquette, l'emmena à Paris lors du sacre de Napoléon. Cancellieri, sachant qu'on lui demanderait une relation officielle du voyage, prit au jour le jour des notes qu'il mit au net, semble-t-il, plus tard (2); son récit n'a pas la forme solennelle ordinaire à ces sortes de documents; il conte au point de vue anecdotique le voyage du pape et son séjour à Paris ainsi que ses propres impressions dans la capitale. Cancellieri était un curieux aussi bien qu'un observateur. Il parcourut Paris en tous sens et visita même des lieux où l'on se serait le moins attendu à voir pénétrer un ecclésiastique. Ayant apparemment beaucoup fréquenté les prélats du siècle précédent, il avait adopté leurs idées assez larges et leur tour assez libre; c'est ainsi qu'il n'a nul scrupule à rapporter en détail sa contestation avec le cardinal Borgia touchant les avantages comparatifs des pots de chambre et des chaises de retrait, qu'il cite les propos les plus crus du maréchal de Bassompierre (3). L'abbé Cancellieri était un abbé jovial malgré toute sa science; il dut faire de grands efforts pour que sa jovialité ne lui réussit pas trop, lui-même le donne à entendre (4). Ses notes s'en ressentent.

(1) Cancellieri fut longtemps son bibliothécaire.

(2) Plusieurs réflexions prouvent que Cancellieri en rédigea le texte après les événements de 1814. La relation officielle ne fut jamais rédigée.

(3) Celui-ci entre autres : « Quand je suis à Saint-Germain, disait un jour dans cette ville la reine Marie de Médicis à Bassompierre, il me semble que j'ai un pied ici et l'autre à Paris. — Dans ce cas, lui repartit le marquis, je voudrais être à Nanterre. »

(4) Ademollo, page 8.

Il faut voir avec quelle bonne humeur il raconte comment, un jour de cérémonie au Champ-de-Mars, étant entré par méprise dans le carrosse où se trouvaient deux officiers avec les ornements impériaux, il s'affubla du manteau de l'empereur et de sa couronne, prit en main le sceptre avec le globe et se passa autour du cou le collier d'un des ordres de Sa Majesté!

L'intérêt et la dignité de l'Église, dont Cancellieri avait été l'une des lumières, exigeaient qu'un texte aussi peu châtié disparût. C'est pourquoi quand l'abbé mourut, le 29 décembre 1826, le pape envoya aussitôt le maître du palais (Maestro del sacro Palazzo) à la demeure du défunt pour s'y saisir du manuscrit, du moins c'est ce qu'écrit Settele dans sa Chronique (1). En fait, toute trace de la relation de Cancellieri disparaît à partir de ce moment. Moroni et bien d'autres ont regretté cet anéantissement d'un document qu'ils estimaient ne pouvoir manquer d'être fort intéressant.

Il en existait, à leur insu, une copie ou un résumé qui se trouvait, vers le milieu du siècle, entre les mains du prof. Serpi de Pérouse, lequel la tenait de Tommaso Biagioli, neveu de Cancellieri. Baraldi en fit usage et en cite certains morceaux dans l'étude qu'il a consacrée à l'abbé (2). Baraldi signale le fait que la relation s'interrompt brusquement au moment où le pape quitte Fontainebleau. Or, il existe une relation du voyage de Pie VII qui est entrée à la Bibliothèque Angelica par acquisition, en même temps qu'un certain nombre de manuscrits non encore catalogués; c'est un cahier de 19 sur 27c relié en carton, de 186 pages d'une écriture régulière mais d'une correction médiocre; sa cote provisoire est 2131.

Comme cette relation s'interrompt, elle aussi, brusquement au départ de Fontainebleau, et que les extraits cités par Baraldi correspondent exactement au texte de ce document, il semble permis de l'identifier avec la copie de Pérouse. C'est cette relation dont nous allons donner le meilleur.

Les pages 6 à 11 contiennent la biographie de Serafino Serpi composée par lui-même et qu'il y inséra sans doute.

(1) *La Scuola Romana*, octobre 1886, a reproduit le passage relatif à cette saisie d'après le ms. de la Chronique qui était en possession du prof. Gaetano Pelliciuni de Pérouse. Cf. ENRICO CELANI *Spigolature romane*, I, Rome. 1893.

(2) Voir la note 3 de la page 2.

On trouve sous la cote 2191, à la même bibliothèque (Angelica) une autre Relation du voyage de Pie VII à Paris, suivie d'une suite de documents relatifs à ce voyage : discours prononcés, lettres de l'empereur aux archevêques français et italiens et autres pièces, au nombre de 39 en tout. Ce manuscrit de 216 pages en fins caractères porte comme titre : *Diario | del viaggio fatto per l'Italia in Francia | da Pio VII Sonno Pontifici | per incoronare in Parigi Napoleone Imperatore dei Francesi | l'anno 1803 | con alcune notizie inedite sulle chiese di Francia | scritto da Francesco Cancellieri....... copiato dell'autografo che ora si crede perduto | da Mons. Fornici, maestro delle ceremonie pontificie.* La Bibliothèque Angelica le reçut en don d'un Anglais, le 4 avril 1893. Cette relation ne semble pas au reste, malgré son titre, être de Cancellieri, premièrement parce que, contrairement à ce qui est le cas de l'autre, il y est peu parlé de l'auteur, secondement parceque le nom du cardinal Antonelli, le protecteur de l'abbé, ne s'y trouve mentionné que deux fois (1). Monotone et sans relief, en récompense, elle abonde en citations de bulles et de proclamations, en homélies, en descriptions. Nous y avons puisé un certain nombre de notes qui complètent la relation de Cancellieri. On pourrait également la rapprocher du *Diario de Chracas* (imprimé) et de la relation de Speroni, porte-croix du pape, qui se trouve au Vatican sous la cote 9494.

(1) F. SENI, *Cancellieri*, partage ce sentiment

### *Résumé de la Relation de l'Abbé Cancellieri*

Parmi les cardinaux que le pape Pie VII désigna pour l'accompagner à Paris, lorsqu'il alla y sacrer Napoléon, était le cardinal Antonelli (1). Le cardinal se récusa d'abord, alléguant ses infirmités et son grand âge (il était né le 6 novembre 1730), mais le saint père lui ayant déclaré qu'il avait absolument besoin de son assistance, Antonelli répondit par cette parole de Saint-Pierre : « *Sequar te quocumque ieris* — Je te suivrai partout où tu iras ».

Comme il lui appartenait de composer sa suite, le cardinal prit pour caudataire, Vincenzo Giansanti ; pour camérier, Serandrei ; pour maître d'hôtel et secrétaire, Cancellieri. Ce n'est pas, d'ailleurs, sans arrière-pensée qu'Antonelli l'avait choisi, car il se réservait, lui dit-il, de lui faire tenir un journal exact du voyage qu'allait accomplir la Cour Pontificale et qui lui semblait devoir faire époque dans les fastes de l'Église. Nul n'était plus apte, comme on l'a vu, à remplir cette mission, que l'infatigable compilateur de tout ce qui avait trait à l'histoire du Saint Siège et au cérémonial de la Cour de Rome ; il venait précisément de publier un volumineux recueil des « prises de possession » (*Possessi*) du trône pontifical, par tous les papes qui s'étaient succédé depuis Léon III (795) (2). Son érudition pouvait d'autre part être, à l'occasion, fort utile pour régler les épineuses questions d'étiquette, qui ne manqueraient pas de surgir au cours du voyage du Pape à Paris.

Cancellieri se mit, sans tarder, en devoir de justifier le choix

(1) Ce fut le 4 octobre que, sur l'ordre du pape, la Secrétairerie d'Etat prévint les personnes qui devaient composer sa suite. On en trouvera plus loin la liste. Le cardinal Leonardo Antonelli était de Sinigaglia, et d'origine noble ; Pie VI lui avait accordé la pourpre, le 24 avril 1775, avec le titre de diacre de S. Sabina ; il fut successivement évêque de Palestrina et de Porto ; quand il devint doyen du Sacré Collège, le souverain pontife le transféra, conformément à la coutume, à l'évêché d'Ostie.

(2) *Storia de' Solenni Possessi de' Sommi Pontifici da Francesco Cancellieri*, dédié au Pape Pie VII, Rome, 1802.

du cardinal ; dès que lui eut été communiquée sa détermination, il entreprit de rechercher tous les écrits relatifs aux couronnements des empereurs par des papes, et de réunir le plus de renseignements possible, touchant les règles à observer en pareil cas (1).

Cependant Cancellieri ne s'était pas laissé amener sans peine, à entreprendre ce lointain voyage, si contraire à ses habitudes casanières et à son goût d'effacement ; il avait argué de ses cinquante-quatre ans passés, d'une blessure à la jambe que lui avait faite naguère une charrette et qui, en effet, se rouvrit à Paris, quatre mois après, la première fois qu'il se risqua à prendre un bain de pieds ; il insista sur son insuffisance à remplir les doubles fonctions de maître d'hôtel et d'historiographe, mais le cardinal ne voulut rien entendre et « après trois jours d'angoisses », Cancellieri accepta un poste que chacun lui enviait, qu'au fond il brûlait de se voir confier et qui faisait bien paraître la grande amitié que

(1) Dans la relation cotée 2191, dont il a été parlé dans l'introduction se trouve une liste des papes qui vinrent en France couronner, ou solliciter les souverains ; c'est sans doute un résumé du travail de Cancellieri. Le premier pape cité est Etienne II, qui se rendit, en 754, auprès du roi Pepin, pour solliciter son appui contre Astolf, roi des Lombards Après avoir passé tout l'hiver en négociations à Saint Denis, le pape sacra Pepin, le 24 juillet 754, dans la basilique de Saint Denis, bien qu'il eut déjà, quatre années auparavant, reçu l'onction des mains de saint Boniface. En 799, Léon III alla à Paderborn prier Charlemagne de lui prêter main-forte contre les barons romains, et ce fut dans cette rencontre que fut décidé le couronnement de l'empereur, qui eut lieu à Rome, l'année suivante.

En 816, Etienne IV couronna, à Reims, Louis-le-Bon et sa femme.

En 878, Jean VIII couronna Louis II, à Troyes, où il avait tenu un Concile.

Quelques papes vinrent uniquement pour négocier avec les rois de France. Le pape Léon IX, en 1049 ; le pape Urbain II, en 1095 ; le pape Eugène III, en 1147, et chaque fois, ils réunirent un Concile ; le premier à Troyes, le deuxième à Clermont, où il prêcha la Croisade, le troisième à Paris. Innocent IV se rencontra, en 1245, à Cluny, avec le roi Saint Louis ; Clément VII, en 1534, à Marseille, avec François Ier. Il était le dernier pape qui fût venu en France avant Pie VI.

Dans cette énumération, Cancellieri omet à dessein les papes Avignonais qui avaient leur résidence en France

lui portait son maître. Ses amis, aussitôt, s'empressèrent autour de lui et lui témoignèrent une bienveillance et même une confiance dont ils n'avaient point auparavant, dit-il, troublé sa modestie; c'était à qui lui offrirait, pour son voyage, de l'argent ou bien des lettres de change; l'abbé déclina, tout confus, ces propositions, car son maître lui avait remis cent écus sur les dix mille qu'il venait de recevoir du pape pour se défrayer; le caudataire n'en avait eu que quatre-vingt et le caméristo que soixante. Il est vrai que Cancellieri avait fait le compte que, pour s'équiper, il lui faudrait, en se réduisant au plus strict nécessaire, au moins cent-soixante écus; mais il vendit résolument sa vaisselle d'argent, se fit avancer un trimestre des rentes qu'il possédait sur la ville de Ferrare et quelque argent sur sa part dans les bénéfices de l'imprimerie de la Propagande (1), en sorte qu'il se trouva, après avoir soldé toutes ses dépenses, possesseur d'une somme de cent quatre-vingt cinq écus.

Au jour fixé, le 2 novembre, le souverain pontife, ayant célébré le Saint Sacrifice sur l'autel de la Confession, dans l'église Saint Pierre, quitta Rome, vers neuf heures du matin. Le ciel était serein; toute la population put venir saluer le saint père et recevoir sa bénédiction ; ce fut un spectacle aussi beau, que celui du départ de Pie VI, pour Vienne, en 1782 (2). Les cardinaux palatins accompagnèrent le pape quelque temps dans leurs carrosses; il y eut même pique, à ce propos, entre le cardinal Antonelli et le cardinal Consalvi, secrétaire d'Etat qui, en raison de ce qu'il faisait partie du Sacré Collège depuis plus longtemps qu'Antonelli, tint à faire passer son carrosse le premier ; si le maître de Cancellieri

(1) Le cardinal Antonelli en était directeur.

(2) Il y était allé y régler des différends d'ordre ecclésiastique avec Joseph II (Joseph voulait, entre autres choses, réformer la hiérarchie). L'empereur lui rendit sa visite l'année suivante. Ce voyage est décrit avec force détails, par le préfet des Cérémonies, *Giuseppe Dini*. (*Diario pieno e distinto del Viaggio fatto a Vienna dal sommo Pontefice*, Rome 1782.)

éprouva quelque mortification de ce passe-droit, l'abbé y gagna de se trouver rapproché d'autant de la voiture du pape et d'être ainsi plus à même d'observer les dévotions dont elle était l'objet. Toute la noblesse romaine escorta le cortège à plusieurs milles au dehors de la porte Angelica.

Le pape emmenait les cardinaux Antonelli et Borgia, lesquels, par faveur particulière, avaient pris place dans son carrosse, et les cardinaux di Pietro, Casselli, Braschi et de Bayan; Monseigneur Fenaia, archevêque de Philippe, Monseigneur Bertazoli, archevêque d'Edesse, Monseigneur Devoti, archevêque de Carthage, Monseigneur Menochio, évêque de Porphyre ; les prélats Gavotti, majordôme du pape, Altieri, maître d'hôtel (1), Testa, secrétaire des lettres latines, Mancurti et Calderini, camériers secrets, Braga, chapelain, le duc de Braschi et le prince Altieri, commandants des gardes nobles, le marquis Sacchetti, surintendant du voyage, Zucche et Fornici, maîtres des cérémonies, Speroni, porte-croix, Frediani, caudataire, l'abbé Mauri (2) et Filippo Menicocci, officiers de la sacristie, l'abbé Foschi, officier pour les mémoriaux, le médecin Battista Porta, le chirurgien Ceccarini, deux intendants de chambre et quatre courriers (3). Avec les serviteurs particuliers qui accompagnaient chaque prélat, les cochers, les palefreniers et valets de toute espèce, la suite du pape s'élevait à cent-huit personnes. Le 31 octobre, le marquis Sacchetti était parti en avant avec les chapelains des cardinaux Caselli, Borgia et di Pietro, dans trois carrosses ; le lendemain un deuxième convoi s'était mis en marche, composé des bagages et d'un certain nombre de gens de service (4).

(1) Je rends, faute de mieux par cette expression, le terme *Maestro di Camera* dont l'équivalent n'existe pas en français.

(2) Qu'il ne faut pas confondre avec le cardinal Maury.

(3) Cette liste est beaucoup plus complète dans la Relation 2191 que dans la relation 2181, et c'est de celle-là que nous la transcrivons, cependant le cuisinier Targhini y est omis.

(4) Le cardinal Fesch partit en même temps mais il tomba malade en route à S. Quirico et ne put rejoindre le pape que plus loin.

A peine le saint père fut-il sorti de Rome que commencèrent, à Ronciglione, ces démonstrations exhubérantes de vénération et de piété qui devaient se répéter tout le long de la route et durent remplir le pape de satisfaction mais accroître sensiblement les fatigues de son voyage (1) ; en avant de la porte qui était ornée de ses armes, l'évêque de Sutri et Nepi, Simeoni, ainsi que les magistrats municipaux vinrent le saluer et lui adressèrent des harangues auxquelles il répondit fort élégamment, puis il donna sa bénédiction à la foule ; à Viterbe, où l'on parvint vers six heures du soir, la ville entière était décorée et pavoisée, des draperies pendaient aux fenêtres, des inscriptions à la louange du pape étaient tendues en travers des rues ; il fallut que le pape avant d'aller prendre quelque repos, se rendît à l'église de S. Sisto pour y bénir la multitude qui l'attendait sur la place ; toute la nuit on l'acclama, les cloches sonnèrent, les musiques jouèrent, les mortiers tonnèrent (2). Néanmoins, le lendemain, dès avant l'aube, le saint père se rendit dans la chapelle du couvent de S. Rosa où se trouvaient assemblées, non seulement les nonnes de ce couvent mais celles de tous les autres couvents de la ville et il les admit une à une au baisement puis il passa dans le palais du gouverneur Campanari, de la loggia duquel il bénit de nouveau la foule; après quoi, il reçut les soumissions du clergé, des magistrats, des corps constitués, de la noblesse et des dames de la ville. Il était dix heures déjà quand il put se remettre en route. Vers le milieu de l'étape se présenta Maury, évêque de Montefiascone, qui s'approcha du carrosse du pape en prodiguant les marques de respect.

A Bolsena, le conseil communal offrit au Saint-Père les clefs de la ville ; à Aquapendente, après que l'évêque Pier-

(1) Pie VII avait soixante-deux ans.

(2) Cancellieri, qui n'omet aucun détail et plus tard ne craindra pas les répétitions, ce qui oblige à l'abréger sans merci, rapporte qu'il vit figurer sur la table du pape un esturgeon, tel qu'on n'en avait jamais pêché de semblable ; il pesait cent livres.

leoni et son clergé lui eurent été présentés, il y eut collation offerte par le trésorier dans le palais Filzacappa, en sorte qu'on ne parvint à Radicofani qu'à la nuit noire ; la ville heureusement était toute éclairée de lanternes et de torches. On avait quitté à Ponte-Centino les terres de l'Église pour entrer dans le royaume d'Etrurie et les gardes nobles, ainsi que les dragons pontificaux, durent céder la place aux gardes à cheval de la reine d'Etrurie ; son majordome, le prince Corsini et deux sénateurs, Salvetti et Sergardi, se présentèrent en son nom accompagnés des évêques de Soana et de Chiusi, pour saluer Pie VII.

Au matin, le pape accorda le baisement à la population ; la presse fut telle qu'une grande confusion s'ensuivit et que plusieurs habitants voyant l'abbé Cancellieri assis sur un siège élevé, s'empressèrent de lui baiser le pied au milieu des rires de ceux qui s'aperçurent de leur méprise.

Le cortège du pape fit son entrée à Sienne à l'heure de l'*Ave Maria* ; le cardinal archevêque Zondadari attendait le souverain pontife sous le porche de la cathédrale ; ce fut le nonce à Florence, Monseigneur Morazzo, qui officia. On logea dans le palais communal où cinq tables copieusement servies avaient été préparées.

Le lendemain, le pape se rencontra, à la villa Orlandini avec la pieuse reine d'Etrurie Marie-Louise, en compagnie de laquelle il dîna, tandis que les cardinaux, évêques et prélats mangeaient avec la duchesse Altieri et le nonce. Aussitôt après le repas, on reprit la route de Florence ; à trois milles des portes, les voitures de la cour attendaient le pape qui fut conduit premièrement à l'église S. Spirito où l'archevêque lui offrit le crucifix à baiser ; les huit évêques de la Toscane (1) soutenaient le baldaquin sous lequel il avait pris place ;

(1) D'après Ughelli, *Italia sacra*, ces huit évêques étaient ceux de Chiusi, Borgo S. Sepolcro, Grassetto, Massa Maritima, Pistoia, Prato, Fiesole et S. Miniato. Le volume 186 de la collection *Nunz. Firenza* (Bibl. Vaticane) contient quelques renseignements complémentaires sur le séjour du pape à Florence.

ensuite on le mena au palais Pitti. La reine l'y attendait, au haut de l'escalier d'honneur, entourée de toutes les dames de sa cour et ayant à ses côtés son fils. La ville fut illuminée ce soir-là et le suivant. Le lendemain matin, 6 novembre, le pape revêtu de ses habits pontificaux donna au jeune roi le sacrement de la confirmation dans une des salles du palais; la grande dévotion de la reine régente, qui avait déjà assisté à la messe particulière dite par le pape, édifia chacun. Il y eut ensuite banquet; trois tables étaient dressées l'une pour les cardinaux, les évêques, les ministres, les princes et les grands du royaume; la deuxième pour les gentilshommes, secrétaires et chapelains; la dernière pour les cameriers et courriers. Quand le repas fut fini, le pape se rendit au couvent de Sainte-Marie-Madeleine où se trouvaient réunies, afin d'y recevoir la bénédiction pontificale, les nonnes de cinq des couvents de la ville ; elles furent ensuite admises au baisement. En retour, les nonnes lui offrirent des reliques de leur patronne et de Sainte Bagnesi avec son portrait et sa biographie. Cancellieri, quant à lui, passa sa journée à visiter le musée anatomique et d'histoire naturelle qu'il trouva, à sa grande satisfaction, fort enrichi.

Le 7 novembre, le cortège reprit sa marche : les rives de l'Arno qu'on suivit étaient chargées de peuple et de nombreuses troupes en armes qui saluèrent le saint père de bruyantes acclamations et d'applaudissements, des arcs de triomphes se dressaient partout, les routes étaient jonchées de fleurs et de branchages; les cloches lançaient des volées, les mousquetades retentissaient sans cesse ; par toutes les routes arrivaient des congrégations, crucifix et bannières en tête ; les religieux attendaient le passage du pape devant leurs monastères, pieusement agenouillés, leurs cierges allumés à la main. Et il en fut ainsi jusqu'à Pistoie. Là, le pape descendit, pour se reposer et dîner dans le palais de l'évêque ; il reçut à son ordinaire le clergé, la noblesse, la municipalité, après avoir donné de la Loggia sa bénédiction à la population.

La reine régente, qui avait pris congé du pape aux portes de sa capitale, s'était hâtée de le devancer « afin de lui faire une surprise » dit Cancellieri, et d'avoir la satisfaction de s'asseoir encore une fois à sa table. Avant de le quitter définitivement, elle lui fit présent d'une boîte de porphyre vert ornée de son portrait. Au soir, on parvint à S. Marcillo où les logements furent particulièrement étroits. Le pape, s'entretenant familièrement avec Cancellieri, lui dit qu'il se réjouissait d'avoir entrepris ce voyage bien que la saison fût si avancée et qu'il dût l'accomplir avec tant de hâte (1) parce qu'il était persuadé que, s'il ne s'y était pas décidé, l'Église aurait couru risque de perdre sans retour la France comme elle avait perdu jadis l'Angleterre (2). C'était connaître bien mal le caractère du peuple français et Pie VII avait dû changer de sentiment avant même d'être arrivé à Paris.

A Paulle fut franchie la frontière entre la Toscane et la République italienne ; une escorte de soldats français remplaça les gardes de la reine et le comte Marchusio, chargé de veiller au logement et à la table du souverain pontife, après lui avoir présenté ses respects, prit la direction du cortège (3). Les étapes suivantes furent Modène, Reggio,

(1) L'empereur était dans une grande impatience de voir le pape arriver à Paris et l'obligeait à faire diligence. Le 5 novembre, il écrivait à Talleyrand : « Je veux bien différer encore jusqu'au 11 frimaire (2 décembre) dernier délai ; si à cette époque le pape n'était point arrivé, le couronnement aurait lieu et l'on serait forcé de remettre le sacre. Je désire donc que vous accélériez la marche du saint père de cinq à six jours ». La raison que donnait l'empereur pour cette hâte était l'encombrement de la capitale, envahie de provinciaux et d'étrangers.

(2) C'était la crainte que le premier consul s'était efforcé de faire naître en lui lors des négociations relatives au Concordat. « Si Henri VIII, qui n'avait pas la vingtième partie de ma puissance, disait-il dans un moment de feinte colère à Consalvi qui le rapporte dans ses Mémoires, a su changer la religion de son pays, bien plus le pourrai-je, moi ».

(3) Le 7 octobre, l'empereur avait prescrit à Melzi, le vice-président de la République cisalpine, les mesures à prendre lors du passage du saint père ; un chambellan du palais devait être envoyé à sa rencontre, ainsi qu'une escorte composée de détachements de troupes de gendarmerie ; les relais de poste seraient tenus de fournir tous les chevaux nécessaires.

Parme où le cardinal Fesch joignit le pape (1) ; le cardinal Borgia, qui se sentait indisposé, avait le projet de se reposer quelque temps dans cette ville mais, lorsqu'il sut que le cardinal Antonelli, également souffrant, déclarait qu'il ne se séparerait pas du pape auquel il pensait être indispensable, il se fit violence et n'interrompit pas son voyage. Cette émulation jalouse lui coûta la vie, car il mourut à Lyon, des suites de son indisposition qu'avait aggravée le passage du Mont-Cenis (2).

La traversée du Taro ne se fit pas sans peine ; le convoi des bagages avait dû rebrousser faute de moyens de transport; il ne passa que tard dans l'après-midi. Le pape invita le cardinal Antonelli à monter dans la même barque que lui. « On aurait dit, s'écrie Cancellieri, le Sauveur avec Saint-Pierre sur le lac de Tibériade. » Il fut lui-même admis à l'honneur de prendre place à côté du pape. Vers la fin du jour on parvint à Plaisance ; devant la porte de la maison de Saint-Lazare, fondée par le cardinal Albéroni, se tenaient rangés en bataille, les missionnaires qui y habitaient et leurs élèves revêtus de la cagoule et un cierge à la main. Le général Menou (3) qui était venu au devant du pape, l'évêque et la municipalité l'accompagnèrent dans la visite qu'il fit aux principales églises de la ville (4).

Jusqu'à Turin, le voyage s'accomplit sans incidents notables si ce n'est que le fourgon contenant la caisse du

(1) C'est ici surtout qu'il nous faut abréger le récit de Cancellieri car il ne fait grâce d'aucune des réceptions dont Pie VII fut l'objet et qui se ressemblaient toutes.

(2) On a vu que ce fut Cancellieri qui publia son éloge pour lequel il reçut, dit la Relation « les plus grands compliments ».

(3) Il était alors commandant du Piémont. Cancellieri confond ici et plus loin deux personnages, le général Menou qu'il appelle Menou de Saint-Méry, alors qu'il était de Boussay, et Moreau, administrateur du duché de Parme qui effectivement s'appelait de Saint-Méry.

(4) Le général Jourdan, président de la *Consulta* du Piémont, vient de son côté saluer le souverain pontife qui lui fit présent, en le quittant, d'une superbe couronne de pierres dures ornée de deux médailles d'or. Le pape donna, à la même occasion, au général Menou, un camée blanc serti dans un anneau d'un travail remarquable.

pape fut volé quoiqu'une escorte de dragons veillât sans cesse à l'entour. Le souverain pontife entra dans la ville en passant sous d'innombrables banderoles où ses louanges étaient inscrites de mille façons ; le cardinal Cambacérès, archevêque de Reims, le sénateur Aboville et le maître de cérémonies Salmatoris l'avaient attendu à la limite du département de Marengo pour le saluer au nom de l'empereur et se tinrent à ses côtés (1). Quand au cardinal Antonelli, il n'arriva que fort avant dans la nuit par suite d'une mésaventure; ses chevaux qu'on n'avait pu relayer à Asti étaient tombés fourbus sur la route, au moment où son carrosse était engagé dans une fondrière, et les postillons s'étaient enfuis sous le prétexte d'aller en chercher d'autres; il lui fallut aller réclamer le secours des paysans du voisinage, on attela six bœufs à son carrosse, mais ils ne parvinrent pas à le faire avancer ; on en ajouta deux autres sans plus de succès; ce ne fut qu'avec dix qu'on put le désembourber et le conduire jusqu'au prochain village. Là, le cardinal attendit qu'on lui procurât des chevaux, tout en faisant une instruction aux habitants; ils y gagnèrent en outre une indulgence plénière que le cardinal autorisa le curé à leur conférer lors de la plus prochaine fête. Le général Menou veillait seul quand Antonelli et Cancellieri parvinrent enfin à Turin et se montra des plus officieux.

Il y eut grande cérémonie le jour suivant dans la chapelle du Saint-Suaire, à laquelle le pape se rendit escorté des cardinaux, des prélats de sa suite et de tous les évêques du Piémont ; les chanoines apportèrent en procession, la torche à la main, la précieuse relique qui fut disposée sur une table afin que le pape put la contempler et l'adorer (2). Bien des fidèles ne l'avaient jamais vue, car on ne la sortait que dans

(1) Ils avaient été désignés par un décret en date du 5 brumaire an XIII (27 octobre 1804) pour aller au-devant du pape.

(2) Cette chapelle, qui se trouve dans la cathédrale, contient, renfermée dans une urne, une parcelle du suaire qui servit à ensevelir le Christ; on y voit les statues des plus fameux parmi les princes de Savoie.

de rares occasions, lors des épousailles des princes et du passage de très hauts personnages; le cardinal Borromée était venu jadis exprès pour lui faire ses dévotions.

De même que dans toutes les villes que devait traverser Pie VII, l'arbre de la liberté avait été abattu sur la grand-place par ordre de l'empereur (1).

Des routes droites et bien entretenues conduisaient vers les montagnes, en sorte que le pape put aller le lendemain, bien qu'étant parti seulement après le dîner, jusqu'à Suse où il nuita; ce fut dans cette ville que le général Menou prit congé de lui. Comme la nuit avait surpris le cortège en chemin, toutes les populations accoururent avec des lanternes et des torches et illuminèrent spontanément leurs maisons. Il existait à Suse un arc de triomphe décrit par Montfaucon et par Maffei; l'abbé Cancellieri note, non sans complaisance, que seuls parmi tous ceux qui suivaient le pape, le cardinal Borgia, tout malade qu'il était, et lui, allèrent voir ce monument. On les y conduisit à la lueur des torches (2).

Le 15 novembre, on repartit dès le matin, pour passer le Mont-Cenis. A Novalese, le pape, les cardinaux et les ecclésiastiques qui ne pouvaient aller à cheval, montèrent en chaise (3); la chaise du pape, plus confortable que les autres, était décorée de ses armes et de la trirègne. Une neige épaisse couvrait le sol mais le ciel était pur et le soleil brillait; alors qu'on s'était attendu à geler, on eut très chaud; les porteurs, dont il

(1) « Très saint père, lui écrivait Napoléon à la date du 20 novembre, j'ai appris avec une vive joie, par la lettre de Votre Sainteté, datée de Turin, qu'elle était en bonne santé. Il me tarde d'apprendre de quelle manière elle a supporté le passage des montagnes. Je me flatte que cette semaine j'aurai le bonheur de la voir et de lui exprimer les sentiments que j'ai pour elle. »

(2) Érigé en l'honneur d'Auguste en l'an 8 de notre ère à l'occasion du percement d'une route conduisant en Dauphiné, ainsi que l'atteste l'inscription.

(3) Les chaises étaient au nombre de huit; une pour le pape, cinq pour les cardinaux, les autres pour les princes. L'empereur avait fait établir des barrières et des palissades dans tous les passages dangereux du chemin muletier qui existait seul encore.

y avait deux relais de quatre par chaise, arrivèrent en haut du col baignés de sueur. Le bon Cancellieri qui, auparavant, n'avait jamais traversé d'autres montagnes que celles de l'Italie moyenne, fut émerveillé et ravi du spectacle que lui offraient les Alpes. « Jamais, dit-il, je n'avais vu rien de si beau ; ce n'étaient de tous côtés que cascades, lacs cachés dans le fond des vallons, hautes cîmes et pâturages verdoyants. » On aperçut un ours et des marmottes. Le général Menou avait donné l'ordre qu'on fît sauter d'instant en instant des mines sur la route qui s'achevait alors à travers le col ; d'énormes quartiers de roc roulaient avec fracas dans les ravins, le bruit des explosions se répercutait longuement, la montagne en frémissait ; c'était superbe et un peu effrayant.

On prit quelque repos à l'hospice que venaient de fonder les Cisterciens ; le cardinal Borgia voulut se montrer généreux à l'égard de ses porteurs, mais il se trouva qu'il n'avait pas d'argent sur lui et qu'il dût emprunter à l'abbé Cancellieri dont, par aventure, la bourse était garnie, les deux sequins qu'il comptait donner ; et le cardinal Antonelli de s'écrier aussitôt qu'il devait s'enorgueillir de posséder un maître d'hôtel assez riche pour prêter à un cardinal. Cette plaisanterie dans le goût sacerdotal mit en joie l'abbé, qui se hâte d'ajouter dans sa Relation « qu'il avait le cœur large si sa bourse était plate » et le prouva en distribuant à ses porteurs deux piastres de plus que le cardinal. Aussi arriva-t-il au pied du col avant le pape lui-même ! Vers le soir, tous les voyageurs se trouvèrent réunis à Lanslebourg.

Un incident était survenu en chemin ; la disparition du voiturier auquel le porte-croix Speroni, un assez sot personnage que nous retrouverons, avait imprudemment confié le grand crucifix d'argent doré qu'il devait porter le jour du sacre ; on fût même plusieurs jours sans le revoir.

Le 16 novembre, le pape qui voyageait de nouveau en carrosse, coucha à Saint-Jean de Maurienne, dans le palais de l'évêque transformé en préfecture. Pour Cancellieri, il trouva le logis qu'on lui avait destiné si mauvais qu'il préféra passer la nuit sur une chaise dans l'antichambre de son maître. Les difficultés de la route avaient rompu le bel ordre du cortège ; à partir de ce moment, le pape et les cardinaux voyagèrent isolément, je dirai presque à la débandade, chacun s'occupant de soi, et ils ne se rejoignirent guère qu'à Fontainebleau après la rencontre fameuse du pape avec Napoléon dans la forêt; c'est ce qui explique pourquoi le pape se trouva à ce moment presque sans suite (1). On se hâtait parceque le bruit s'était répandu que Melzi, le vice-président de la République Italienne, s'apprêtait à passer les Alpes et qu'on craignait qu'il n'accaparât tous les chevaux.

Cancellieri arriva à Chambéry le 18, distancé d'une journée par le pape ; en route, il avait vu de nouveau un ours, et des femmes avec de gros goîtres. La préfète, « femme d'infiniment d'esprit et de grâce », dit-il, se montra pleine de prévenance pour lui. Au Pas de l'Echelle, il rejoignit le saint père à temps pour être témoin de l'enthousiasme merveilleux que témoignèrent les populations accourues sur son passage; les rochers énormes qui dominent la route étaient couverts de paysans qui l'acclamaient et le suivaient longtemps du regard. Ces manifestations ne firent que s'accroître tout le long du

(1) Les plus grands honneurs devaient être rendus au pape durant son voyage sur le territoire français. L'empereur avait décrété que, lorsqu'il entrerait dans une ville, toute la garnison prendrait les armes; une moitié de l'infanterie devait se mettre en ordre de bataille en avant de la porte, l'autre moitié sur les places que le cortège traverserait ; les sous-officiers et les soldats présenteraient les armes, les officiers salueraient, les tambours battraient aux champs, la cavalerie irait à une demi-lieue à la rencontre du pape et l'escorterait; l'artillerie tirerait trois salves au moment où le pape franchirait la porte d'entrée de la ville. Devant le logis du pape se tiendrait un escadron de cavalerie commandé par un colonel. Durant tout le voyage, la gendarmerie nationale se porterait, dans chaque canton, à la rencontre du pape et lui ferait escorte. Lorsqu'un général accompagnerait le pape, il se tiendrait à cheval à la portière de gauche de son carrosse. Les préfets, sous-préfets, maires, ainsi que leurs adjoints et leurs conseils municipaux le salueraient à son entrée dans les villes et les villages et à sa sortie.

chemin car la religion, sinon la foi était grande encore par tout le pays.

Le pape coucha à Beauvoisin afin de pouvoir faire son entrée à Lyon de jour (1). Cancellieri ne peut y assister, car il n'arriva que fort tard et en piteux état ; à mi-chemin, la roue de derrière du carrosse dans lequel il se trouvait avec le cardinal s'était rompue, et le carrosse avait versé ; l'abbé dût même se cramponner à la portière pour ne pas tomber sur son maître et l'étouffer ; il fallut les retirer par la fenêtre. Le cardinal attendit dans une auberge que le mal fût réparé; pour Cancellieri il n'eut pas cette patience et, malgré le mauvais état des chemins et la boue qui les couvrait, il voulut poursuivre sa route à pied. Aussi parvint-il à Lyon à temps pour voir les rues ainsi que les deux ponts traversant la Saône et le Rhône illuminés de lanternes et de torches, mais il aurait été fort embarrassé de savoir où coucher, si sa bonne fortune ne lui avait fait rencontrer l'un des maires qui le conduisit dans une auberge. Sa dépense lui fut remboursée, comme toujours.

Le mardi 20 novembre, le souverain pontife dit la messe dans l'église métropolitaine, dont Cancellieri admira les piliers élancés, les vitraux, les galeries intérieures, disposées, dit-il, comme dans un théâtre. De chaque côté de l'autel, ajoute-t-il, se voyaient deux croix, antique privilège accordé à la basilique en commémoration de la réunion des deux Eglises latines et grecques qui y avait été conclue (2). Deux dames, au grand étonnement de l'abbé, présentèrent au pape des pains dans lesquels étaient incrustés des louis ; ils furent découpés en morceaux dans la sacristie et distribués aux fidèles qui

(1) Cette entrée fut entourée d'un grand apparat ; le préfet et les trois maires ainsi que le chapitre, les curés à la tête de leurs paroissiens et tout le clergé reçurent le pape à la porte de la ville ; la voiture du pape dans laquelle avaient pris place deux cardinaux traversa toute la ville, escortée d'un escadron de dragons, et le conduisit à la cathédrale où l'attendaient le cardinal Fesch, le duc Braschi et le prince Altieri en grand uniforme.

(2) Dans le concile de 1272.

chantaient à pleine voix le *Credo* et le *Kyrie*. Cancellieri nota que les cierges étaient très hauts, mais de bois peint contenant une bougie à l'intérieur, ce qu'il trouva très ingénieux; que les surplis des prêtres étaient ornés par derrière de plis qui ressemblaient à des ailes et que leurs chasubles avaient la forme de celles des prêtres grecs; il lui parut choquant que l'on fit la quête pour les besoins de l'église et que l'archevêque eut laissé peindre, dans le presbytère, les aigles impériales en face des armes pontificales.

Quoique des plus vastes, la cathédrale était étroite pour la foule qui s'y pressait; les femmes surtout se montraient avides d'approcher le saint père; elles surmontaient tous les obstacles, forçaient toutes les consignes, coupaient les lignes de soldats; celles qui furent admises à lui baiser le pied faisaient éclater une piété exaltée; beaucoup lui présentaient des objets à bénir; il s'en trouva qui, faute de mieux, lui tendirent leur montre, et le pape disait à celles-ci, en souriant, que dorénavant elles ne devaient plus craindre de les voir mal marcher.

« J'y compte, répondit l'une d'elles, car je sais bien que votre Sainteté est infaillible ! »

Sur la place Bellecour, où le pape se rendit au sortir de la cathédrale, de mémoire d'homme on n'avait vu telle multitude, et cependant il pleuvait à torrents; protégé, quoiqu'assez mal, par un baldaquin, le pape donna sa bénédiction.

En parcourant la ville, après cette cérémonie, Cancellieri remarqua quelques coutumes qui lui parurent étranges; les femmes, rapporte-t-il, ont des coiffes au lieu de chapeaux, elles vont par les rues avec leur ombrelle sous le bras et font de grandes révérences aux personnes de leur connaissance; les bouchers exposent à leurs devantures des quartiers de viande, les charcutiers font peindre des jambons sur leurs boutiques et les lavandières blanchissent leur linge à même la Saône.

Pie VII quitta Lyon le 21 novembre, après avoir dit un dernier adieu au cardinal Borgia qui était moribond. Le cardinal Braschi et le prince Altieri étaient partis en avant pour préparer les logements, tandis que le cardinal de Bayan demeurait, ainsi que les quatre évêques, à Lyon pour se soigner d'un refroidissement, car l'exemple du cardinal Borgia rendait ses compagnons de route prudents. Quant au cardinal Antonelli, il suivit le pape à une demi-journée de distance en compagnie de Cancellieri. On passa par Rohan, Varennes, Moulins, où Pie VII vit son image faite d'argile, entourée de celles de l'Empereur, d'un ange et de plusieurs militaires. Des femmes se présentèrent avec des assortiments de couteaux, de ciseaux, d'étuis de toute sorte; à Nevers, on offrit au pape des statuettes, des objets de stuc et « d'autres galanteries ». Des joueurs d'orgues et des montreurs de lanternes magiques vinrent sous ses fenêtres; il fallut leur donner d'amples aumônes pour les décider à s'en aller. La foule se montrait toujours aussi exubérante; les femmes se prosternaient, les gamins manifestaient leur vénération en faisant des culbutes à la portière du saint père; à l'entrée de chaque village, les curés attendaient, le long de la route, au milieu de leurs paroissiens.

Cancellieri, à mesure qu'il avançait dans le centre de la France, s'étonnait de bien des choses; les charrues étaient traînées par des chevaux; les cochons étaient rouges ou blancs, les brebis très petites; on ne voyait plus ni oliviers, ni figuiers, ni chiens, ni oiseaux dans les champs (1); sur les tables figuraient des faisans, des bécasses, des perdrix et des vins de Bourgogne, de Champagne, de Bordeaux, de Malaga, de Chypre ou de Madère, qu'on lui assura être les plus recherchés.

Le 24, le pape et le cardinal Antonelli dînèrent ensemble à Cosne; le pape poussa dans l'après-midi jusqu'à Briare, mais

(1) Pour les oiseaux, c'est bien probable, on était en novembre; pour les chiens, l'observation paraît contestable.

le cardinal dut rebrousser par la faute de ses postillons; Cancellieri n'assista donc pas à la première entrevue de Pie VII et de l'Empereur (25 novembre); il n'en rapporte les détails que par ouï-dire. Les autres cardinaux, de Bayan, di Pietro, Braschi et les quatre évêques s'étaient donné rendez-vous à Nemours (1); ils parvinrent en même temps à Fontainebleau, mais le palais dévasté par la Révolution n'était guère habitable qu'en partie; c'est pourquoi à peine furent-ils arrivés qu'on les achemina avec leur suite vers Paris, à l'exception d'Antonelli à qui on n'avait pu fournir de chevaux et qui coucha à l'auberge. Cancellieri demeura, en attendant qu'on lui trouvât un logis, fort longtemps dans une salle glaciale où on semblait l'avoir oublié, après quoi on lui donna une chambre traversée de courants d'air et dont les portes ne fermaient pas; il y prit un refroidissement qui le tint plus de deux mois et faillit même lui devenir fatal.

Dès le lendemain, le cardinal et son secrétaire repartirent, laissant le pape seul à seul avec l'Empereur, et ils entrèrent dans Paris vers quatre heures de l'après-dîner, après sept heures de route. Antonelli eut un appartement au pavillon de Flore; on parla de loger Cancellieri dans une chambre à l'auberge, mais son maître se récria tant qu'un lit lui fut donné au palais dans la chambre d'un secrétaire. Ce privilège excita à tel point la jalousie de ses collègues qu'ils lui jouèrent mille pièces, jusqu'à lui enlever son lit, mais le cardinal prit parti vivement pour son protégé; il fit coucher le secrétaire sur un canapé et l'abbé eut son lit; l'affaire alla jusque devant le sénateur Very, qui avait mission de surveiller l'installation du pape et de sa suite.

L'empereur retint, on le sait, sous différents prétextes le pape plusieurs jours à Fontainebleau (2), en sorte qu'il n'arriva à Paris que le mercredi 28, à huit heures du soir; les

(1) On en avait inauguré le pont lorsque le pape avait traversé la ville.

(2) Cancellieri, comme on verra, explique à sa manière et assez ingénieusement la conduite de Napoléon.

cardinaux et les prélats qu'il avait amenés de Rome, étaient assemblés pour le recevoir dans la galerie de Diane tout illuminée. L'empereur arriva en même temps que lui. Les journées suivantes furent consacrées par Pie VII à recevoir au palais tous les hauts personnages de la cour, les corps politiques, les trois sœurs de Napoléon.

Le jour du sacre, le 2 décembre, qui était un dimanche (1), le pape et sa suite durent se lever dès l'aube car il avait été décidé que le cortège se mettrait en marche à neuf heures. Cancellieri s'était senti toute la nuit très souffrant d'une grosse fièvre, mais comme il était convaincu qu'il serait chargé de rédiger une Relation de la cérémonie qu'on imprimerait ensuite, ainsi que cela se pratiquait toujours à Rome en pareil cas, il s'était fait apporter durant la nuit par un domestique dont il avait conquis les bonnes grâces, force bols de thé et il éprouva un tel soulagement qu'il put accompagner son maître. Des troupes à pied et à cheval, vêtues d'uniformes neufs, étaient rangées depuis les Tuileries jusqu'à Notre-Dame. Le pape prit place dans un carrosse surmonté de la trirègne que soutenaient quatre colombes dorées ; huit chevaux y étaient attelés, tout couverts de caparaçons brodés et frangés d'or et la tête ornée de plumets ; derrière le cocher se tenaient six pages, et quatre domestiques de la maison de l'empereur, dans de riches livrées d'or jaune galonnées d'or, étaient debout derrière la voiture; immédiatement après, le porte-croix Speroni, monté sur une mule, tenait son crucifix haut et droit. En le voyant passer les Parisiens qui ont, dit Cancellieri, l'esprit tourné à la malice, se disaient l'un à l'autre en désignant sa monture: « Voilà la mule du pape » et ils s'efforçaient de persuader aux naïfs que c'était elle que les fidèles privilégiés étaient admis à baiser en raison de la croix qu'elle portait. De proche en

(1) C'était le premier dimanche de l'avent, ce qui fit que le pape eut quelque scrupule à procéder au sacre ce jour là ; l'empereur l'amena à passer outre.

proche, les rires se propageaient à mesure que le porte-croix s'avançait, et lui, ne sachant à quoi attribuer cette hilarité, et d'ailleurs transi par le froid qu'il faisait, se tenait de plus en plus raide et tout d'une pièce sur sa bête, en sorte qu'on se mit à répéter que sûrement il devait être en bois. Il fut le héros populaire de la solennité ; on reproduisit en caricature sa silhouette rigide avec la légende : « Mgr. Speroni, *nonce apostolique* » qui fut d'ailleurs bientôt rectifiée (1); on fit des cartes où il était représenté; on construisit même, conte encore Cancellieri, des baromètres dans lesquels un ecclésiastique à son image, élevait un crucifix quand il devait faire beau et l'abaissait s'il allait pleuvoir.

La vue du pape, entouré de la splendeur d'une pompe magnifique, causa aux assistants une vive impression ; ce fut un coup de maître de la part de l'empereur, fait observer Cancellieri, que de l'avoir retenu à Fontainebleau jusqu'au dernier moment, et de ne le laisser voir aux Parisiens que dans tout l'éclat de son rang; il en résulta que leur curiosité et surtout leur pieux empressement n'eurent pas le temps de s'éteindre.

Le cortège fit un grand détour pour qu'il fût donné à plus de spectateurs de le contempler ; enfin on arriva à Notre-Dame dont le parvis avait été agrandi par des tentures de manière que chacun pût descendre à couvert. Le vieux cardinal-archevêque du Belloy y attendait, malgré ses quatre-vingts ans, le souverain pontife à la tête de tout son clergé et de son chapitre ; il conduisit aussitôt le pape dans la grande salle de son palais où avait été préparés les vêtements avec

(1) Cette caricature n'a rien de bien mordant. Le porte-croix y est représenté sur une mule que tient en main un palefrenier, vêtu d'un ample manteau violet, le corps courbé et fortement penché en avant. Il tient de la main droite la croix d'or et de la gauche les rênes flottantes. Comme légende : Mgr. Speroni, nonce apostolique et porte-croix de Sa Sainteté... tel qu'on l'a vu devant son carrosse. Cette gravure se trouve aux estampes, collection Hennin, Histoire de France, an. 1804, fol. 37. Speroni a écrit comme il a été dit une relation du voyage de Pie VII qui se trouve au Vatican.

lesquels il devait officier. Il y avait là quatre-vingt quatre évêques dont six remirent leur rétraction au pape afin de n'être point exclus de la cérémonie ; ils revêtirent ensuite ainsi que les cardinaux leurs pluvials dont la plupart étaient magni 'ques, et leurs mitres ornées de pierreries. Le cardinal Antonelli devait remplir pendant la cérémonie les fonctions d'évêque assistant, le cardinal Caselli, celles de diacre, Mgr. Nafali, chanoine de la cathédrale de Plaisance et prélat domestique, celles de sous-diacre, Mgr. Vaschi, chanoine de Saint-Pierre, devait tenir la mitre, Mgr. Testa, le grémial, l'abbé Salmon, la croix. (1)

Tout ceci réglé, le pape se dirigea vers la nef, marchant sous un baldaquin ; le chanoine Camus le précédait avec un encensoir ; en ce moment le bourdon, une des seules cloches que les révolutionnaires n'avaient pu détruire, dit Cancellieri, se mit en branle, les trompes sonnèrent et le chœur entonna le *Tu es Petrus*.

Lorsqu'il pénétra dans l'église, Cancellieri aperçut au fond plusieurs trônes destinés à l'empereur, à l'impératrice et aux grands de l'empire ; le trône du pape avait été dressé près de l'autel, du côté de l'Évangile, sur une estrade de sept degrés ; en face, du côté des Épîtres, étaient des sièges pour les cardinaux qui avaient leurs caudataires à leurs pieds. Derrière eux devaient prendre place quarante-deux évêques, derrière ceux-ci, les membres actuels et honoraires du chapitre, derrière eux encore les curés et les clercs, habillés de lin blanc avec des rochets rouges. Cette assemblée fit à Cancellieri l'effet d'un concile. Le reste de l'église était rempli par les invités de haut rang ; dans les galeries se trouvaient les dames. Sur l'autel était un candélabre à sept branches d'argent doré qui venait du dôme de Milan.

(1) L'abbé Cancellieri a surtout noté l'appareil ecclésiastique ; on a d'ailleurs écarté le plus possible ce qui, dans sa Relation, était relatif à la description générale d'une cérémonie tant de fois et si copieusement décrite.

Quand le saint père traversa l'église, l'assistance déshabituée du respect des lieux saints, l'acclama bruyamment ; il monta, après une brève oraison, sur son trône où il revêtit les saints parements avec l'aide du cardinal-diacre et des acolytes. Puis il attendit. Il attendit plus d'une heure, car l'arrivée de l'empereur avait été mal combinée. Chacun regardait avec curiosité le pape ; il demeura tout ce temps immobile sur son trône, comme plongé dans une contemplation profonde, sans faire paraître aucune impatience bien qu'il fût à jeun depuis la veille, et les assistants conçurent une haute idée de sa vertu. Aussi bien, il faisait si grand froid dans l'église, dont les portes étaient demeurées grandes ouvertes, que tout le monde en tremblait.

Le son d'une musique militaire, les volées des cloches, les détonations de l'artillerie, les chants des musiciens annoncèrent enfin la venue de l'empereur ; les cardinaux du Belloy, Fesch et Cambacérès allèrent à sa rencontre ; chacun se leva et, au milieu des applaudissements, il entra dans le chœur avec l'impératrice ; tous deux prirent place devant leur prie-Dieu. L'impératrice était suivie de douze dames d'honneur dont les robes, qui étaient de velours et si amples que plusieurs d'entre elles se trouvèrent refoulées jusque sur les marches du trône pontifical. L'empereur portait dans sa main gauche le sceptre, dans sa droite, la main de justice ; derrière lui se tenaient debout ses deux frères Joseph et Louis. Cancellieri, à qui le cardinal Antonelli avait confié sa barrette, se trouva placé près d'Eugène de Beauharnais, futur vice-roi d'Italie.

Le pape s'étant levé alla à l'autel au milieu des turiféraires et des acolytes et commença la grand'messe ; il donna l'accolade aux trois cardinaux français et dit ensuite l'*Introït* tandis que le chœur chantait le *Kyrie*, puis il entonna le *Gloria* accompagné par la musique qui joua trop fort ; l'Évangile fut chanté en latin, puis en grec, mais on eût soin alors de ne plus laisser allumés que deux cierges. Le cardinal-archevêque; après avoir encensé le pape, chanta avec le chœur le *Credo*, mais l'empereur, craignant apparemment que la cérémonie se prolongeât trop longtemps, lui envoya dire de faire cesser le chant. Il plaça alors lui-même sur sa tête la couronne impériale qui était d'or et représentait des feuilles de laurier avec leurs baies, et sur la tête de l'impératrice la couronne ornée de pierreries qui lui était destinée. A la question que le pape lui posa en latin : « *Profers catholicam fidem* » il répondit à haute voix en français : « Je professe »' en posant la main sur l'Évangile placé sur son prie-Dieu.

Lorsque vint le moment de l'offertoire, il se leva ains que l'impératrice et se dirigea vers l'autel ; arrivé devant le pape, il déposa à ses pieds un vase d'or, un pain et un cierge dans lequel étaient incrustées des pièces d'or au nombre de vingt-quatre ; l'impératrice offrit un pain d'argent incrusté également de vingt-quatre napoléons. La messe continua. Après l'*Agnus Dei*, le pape quitta l'autel, suivi de tous les prélats et se dirigea vers le trône impérial pour présenter la paix à l'empereur, s'écriant à voix haute : « *Vivat Imperator in æternum* » et tous les assistants répétèrent à l'envi ce vœu presque impie, en l'accompagnant d'acclamations. Le pape revint ensuite vers l'autel où il donna la communion au cardinal-évêque qui la donna aux autres cardinaux ; pour lui, il communia sous les deux espèces avec le cardinal-diacre et le cardinal sous-diacre. La cérémonie se termina par la bénédiction pontificale et l'annonce d'une indulgence plénière accordée à tous les assistants et dont le cardinal-évêque lut le texte.

Le pape se retira alors dans la sacristie, afin d'y dépouiller ses vêtements pontificaux et d'y prendre quelque nourriture dont il avait le plus grand besoin. Pendant ce temps, l'empereur, l'impératrice et leur cortège regagnaient les Tuileries dans vingt-quatre carrosses à six chevaux ; le carrosse de l'empereur en avait huit. Les costumes de l'empereur et de sa cour, ajoute Cancellieri, étaient à l'Espagnol, comme au temps d'Henri IV, chapeau rond, manteau de velours rouge, vert, jaune, bleu turquin, pantalons larges, bas de soie et souliers à talons (1).

La nuit commençait à venir ; avant de le reconduire à son logement, toutefois, l'on fit parcourir au pape les boulevards, les principales rues ; on poussa même jusqu'au Luxembourg, pour qu'il admirât la belle ordonnance des illuminations ; des guirlandes de verres de couleurs, des girandoles étaient suspendues au-dessus de chaque trottoir à des colonnes et à des pyramides. Cinq cents hommes portant des torches de cire accompagnèrent le pape durant cette promenade. Enfin on revint au palais pour souper ; il y avait onze heures qu'on en était parti !

Les fêtes durèrent huit jours ; on distribua, dit Cancellieri, des largesses au peuple sur les boulevards ; il y eut des jeux et des divertissements de toute sorte sur les places publiques ; partout l'on rencontrait des danseurs de corde, on voyait des arcs de triomphe et le soir les rues étaient encombrées de bals, de comédies, de lanternes magiques, ce qui rendait l'aspect de la ville des plus attrayants et des plus distrayants; il y circulait une foule incroyable d'étrangers accourus de toutes parts.

Quand le pape alla visiter le Louvre, Cancellieri l'accompagnait ; dans le salon carré, se trouvait une série de tableaux représentant les guerres de Bonaparte et Bonaparte lui-même avec ses généraux; dans les autres salles et surtout dans les galeries de sculpture, on voyait quantité d'œuvres d'art enlevées aux collections d'Italie, telles que la Transfiguration de Saint-Jérôme, le Laocoon, l'Apollon, la Vénus de Médicis, l'Antinoüs. Pour montrer au pape tout ce butin fait sur lui-même et sur ses compatriotes, on eut l'idée singulière

(1) L'autre relation donne une description moins fantaisiste et plus minutieuse du costume porté en cette occasion par Napoléon ; on ne la reproduit pas, car ce costume somptueux a été souvent décrit.

de choisir l'un des consuls de la République romaine qui avaient chassé son prédécesseur en 1799, le savant Quirino Visconti. Celui-ci, en guise de consolation, imagina de lui dire que c'était le sort des richesses artistiques de passer ainsi de main en main, que les Romains avaient en leur temps dépouillé les Grecs et que la fortune est changeante. « En effet, répliqua Pie VII, et il n'est pas dit qu'il faille venir longtemps sur les rives de la Seine pour contempler ces merveilles. »

Ce fut ce même jour que le pape reçut la visite de l'astronome de Lalande, directeur de l'Observatoire, qui passait pour l'athée le plus endurci et l'homme le plus laid de l'époque. Comme le souverain pontife le plaisantait sur son incrédulité et lui disait qu'assurément un homme qui avait tant étudié les splendeurs du firmament ne pouvait en méconnaître l'auteur, de Lalande protesta qu'on l'avait calomnié et qu'il était catholique comme pas un (1).

On raconta à ce propos, dans l'entourage du pape, qu'un jour de Lalande, en caressant son chat qui lui tenait discrète compagnie pendant ses longues observations, lui avait promis qu'en récompense il lui donnerait une place parmi les constellations. « Et vous ferez bien de mettre votre chat au ciel, lui dit sa nièce qui se trouvait là, car pour vous, on ne vous y verra bien sûr jamais » (2).

La nouvelle de l'arrivée du saint père à Paris et du couronnement de l'empereur fut portée à Rome d'une façon bien inattendue et qui parût à Cancellieri tenir véritablement du miracle. Le 16 décembre, à l'issue d'une grande fête donnée

(1) De Lalande n'en était pas à ses débuts ; étant à Rome, il avati demandé à baiser la mule de Clément XIII.

(2) C'eût été réparer une injustice ; pourquoi le chat, malgré son agilité, est-il exclu du ciel, alors que tant d'autres animaux, le chien, l'ours, le bélier, le taureau, l'écrevisse, le serpent, l'aigle, le scorpion y figurent ?

On rapporte que l'Arioste fit une plaisanterie dans le même goût à Benvenuto Garofalo qui peignait un paradis : « Mettez-moi dans celui-là, dit-il, car je crains bien de ne jamais figurer dans l'autre. » C'est Cancellieri qui nous est caution de l'histoire.

à l'hôtel de ville et à laquelle le pape et tous les cardinaux avaient assisté, un ballon fut lancé par l'aéronaute Garnerin ; celui-ci avait à tout hasard fixé au filet un billet dans lequel les événements qui venaient de s'accomplir étaient brièvement relatés. Or il se trouva que ce ballon tomba la nuit suivante dans le lac Anguillara, situé à quelques milles de Rome! Les riverains prirent peur d'abord, en voyant, au milieu d'une tempête, s'abattre dans l'eau cette énorme machine dans laquelle brillait encore un reste de feu ; sans oser s'en approcher, ils allèrent prévenir don Filippo Grillo, duc de Mondragone, seigneur du lieu, qui habitait non loin de là. Don Filippo, pensant qu'il s'agissait du divertissement de quelque voisin, ne se préoccupa pas autrement de cet incident, mais quand, le lendemain matin, on lui apporta le billet trouvé dans le ballon qui s'était échoué sur la rive, il changea bien vite de sentiment et s'empressa de communiquer au cardinal Consalvi les nouvelles qu'apportait « ce rapide et judicieux aérostat ». Elles ne tardèrent pas à se propager dans la ville où elles causèrent une vive joie.

L'étonnement fut grand à Paris, dit Cancellieri, quand on y apprit par une lettre du cardinal Consalvi au cardinal Caprara, l'arrivée du ballon à Rome, en vingt-deux heures, mais les astronomes, ajoute-t-il, démontrèrent dans des mémoires que le trajet aurait pu être encore plus rapide (1).

L'abbé se mit en devoir de visiter la capitale qu'il qualifie, la contemplant du haut du Panthéon : « Un chaos de richesses et de misères, de scélératesse et d'innocence, de puissance et de faiblesse, d'oisiveté et d'industrie, de plaisirs et de tourments. »

Parmi les premières curiosités qu'il alla voir fut le musée

(1) Les riverains se disputèrent la possession du ballon qui, finalement, fut rendu à l'aréonaute. On exposa le filet au Vatican. C'était, en effet, un filet superbe, orné d'images symboliques et d'orillammes à en juger par la gravure qu'on en voit dans la collection Hennin. (Histoire de France, 1804, fol. 55). Ce filet soutenait une manière de parachute orné de figures ; une Renommée y était suspendue.

où le fameux Lenoir avait réuni (aux Petits Augustins), après les avoir sauvés de la destruction, « des monuments provenant de diverses églises, mais principalement de Saint-Denis et de Saint-Sulpice, des vitraux, des vêtements sacerdotaux, des meubles et autres objets, vestiges de la fureur révolutionnaire » (1). Dans ce musée se trouvait également une représentation des Champs-Elysées où l'on voyait les poètes et les philosophes des temps passés, entre autres, dit Cancellieri, Héloïse et Abélard.

Lenoir était, en ce moment, l'objet d'attaques violentes ; un de ses amis remit à Cancellieri deux libelles dans lesquels on réclamait la restitution aux couvents et aux églises des monuments qui formaient son musée. En face des Invalides où vivaient alors quatre mille cinq cents pensionnaires, Cancellieri retrouva le Lion de Venise. Sur le livre placé entre ses pattes, on avait inscrit les mots : « *Liberté, Égalité,* » au lieu de ceux qui s'y lisaient auparavant : « *Pax tibi Marce Evangelista* » ce qui fit dire à un passant, raconte l'abbé : « Parbleu ! le lion a tourné la page ». Cancellieri fut également visiter la prison du Temple. « Elle est entourée, dit-il, par les habitations des juifs qui sont très nombreux à Paris ; on affirme qu'il y en a vingt mille ; ils possèdent huit synagogues. » Au couvent des carmes, on lui montra sur les murs les taches du sang des cent-quarante victimes qui y avaient été massacrées naguère ; on les conservait avec soin. Sur la place des Innocents, il vit les marchands arriver, comme cela se pratiquait tous les matins, au son d'une cloche pour vendre des comestibles, puis céder la place, à dix heures, à d'autres marchands qui, abrités sous de grands parasols rouges, débitaient toutes sortes d'objets. C'était, lui assura-t-on, le plus important marché de Paris. Au musée d'armes de Saint-Thomas d'Aquin, Cancellieri admira l'armure de la Pucelle d'Orléans et celle de Louis XIV, l'épée enrichie

(1) Le récit des pérégrinations quotidiennes de Cancellieri n'a pas toujours même saveur, ni même valeur. Il a donc paru utile de l'émonder.

de pierreries de Louis XVI; il y avait aussi quantité de fusils, de canons d'ancien modèle. Le gardien, qui était un ingénieur fort habile et un grand machiniste, expliqua à notre abbé les appareils qu'il avait imaginés : c'était d'abord, à l'usage des pompiers, une échelle que l'on pouvait hausser à la hauteur que l'on voulait; un sac mobile qui y était suspendu devait servir à sauver les enfants, les infirmes et les vieillards à qui la fuite était impossible; il lui montra ensuite un cadenas qui mettait à l'abri des voleurs, un pistolet pour les effrayer, un instrument avec lequel chacun pouvait mesurer sa force, un autre pour se peser.

En parcourant l'hôpital tenu par les sœurs de Saint-Vincent de Paul, l'abbé regretta que les mœurs de sa patrie ne permissent pas d'avoir recours à des femmes pour soigner les malades. Cancellieri fut également à l'Institut; il apprit que les séances avaient lieu le soir; aussi sur la petite table réservée à chaque académicien, se trouvait, à côté de son encrier, un flambeau d'argent. Les diverses académies tenaient leurs séances à des époques différentes; l'Académie des sciences, chaque lundi d'automne; l'Académie de langue et de littérature française, chaque mercredi d'hiver; l'Académie d'histoire et de littérature, chaque vendredi du printemps; l'Académie des beaux-arts, chaque samedi d'été.

Ce fut à l'Institut que Cancellieri fit rencontre d'un érudit vénitien qui le conduisit au Palais-Royal et voici la description qu'il en donne et le jugement qu'il en porte. « Il n'y a pas, écrit-il, de profession qui ne s'y exerce, pas d'objet qui ne s'y puisse acheter; on y voit, on y apprend, on y déguste tout ce que l'industrie, l'habileté, la sensualité humaine peuvent concevoir et réaliser de plus parfait ou de plus étrange. La cour est un vaste jardin orné de fleurs, de statues, d'arbres où, été comme hiver, la foule accourt. Le jour, on peut s'y promener sans danger, mais le soir, il est envahi par plus de six mille femmes qui rivalisent d'élégance dans leur mise. Cependant, il y a des règles au milieu de cette licence ; une femme qui se trouve au bras d'un homme ne peut être molestée ; pour les autres, c'est différent. Elles vont de préférence dans les cafés souterrains qui entourent le jardin, car là se donnent rendez-vous tous les débauchés de la ville ; on y boit, on y chante, on y fait de la musique, on y joue toute la journée et très avant dans la nuit. Ce désordre est toléré parce qu'il a été jugé nécessaire dans une cité pleine de militaires, d'étrangers et de libertins. De fait, partout ailleurs, la décence est absolue et l'on peut se promener la nuit sans risque. Saint-Augustin, n'a-t-il pas, au surplus, justifié cette tolérance dans sa *Cité de Dieu* où il a écrit, au livre III : « *Facit meretrix in mundo quod sentina in navi et cloaca in palatio.* »

Après le Palais-Royal, l'abbé Cancellieri, mis en humeur de curiosité, demanda à voir le jardin Frascati, qui était situé au coin de la rue de la Loi (de Richelieu) et du boulevard Montmartre. « C'est, dit-il, l'endroit le plus séduisant de la capitale ; il y a une galerie couverte d'une draperie, des fleurs, des bancs, des lampadaires ; la musique qu'on y entend, les parfums qu'on y respire, la fraîcheur du lieu, la variété des ornements, tout y charme et y convie au plaisir. On s'y réunit de dix heures du soir à deux heures du matin ».

Les tentations ne manquaient pas à l'abbé. Les trois filles du tailleur de l'empereur, qui étaient tout à fait charmantes et faites à ravir, le pressèrent de leur offrir à souper et de les conduire ensuite à l'Opéra (1). Il refusa, disant qu'il ne soupait jamais et n'allait point au spectacle. Toutefois, sa fermeté ne tint pas jusqu'au bout, mais il ne pénétra pas à l'Opéra sans quelque appréhension, dont sa curiosité,

(1) L'abbé Cancellieri, lit-on dans le *Diario de Giuseppe Settele*, dont il a été déjà question, était de haute taille, élancé sans paraître maigre, bien proportionné ; il avait le teint blanc ; c'était, en somme, un bel homme, affable envers tous et de bonnes manières ». Sa vertu resta au-dessus de tout soupçon, mais ses contemporains reconnaissaient qu'il avait eu quelque mérite à ne la point laisser entamer. Il eut, à Rome, plusieurs amitiés féminines dont il se montra fier à juste titre.

il l'avoue, était encore excitée, car il s'attendait, sur ce qu'on lui en avait dit « à y voir le triomphe de la licence la plus dissolue ». Sa surprise fut donc grande quand il crut s'apercevoir, s'en fiant aux apparences, que la plus grande décence régnait partout; à la porte, on empêchait d'entrer les femmes dont la tenue n'était pas tout à fait bonne ! L'attention que les spectateurs donnaient à la pièce ne l'étonna pas moins. « Les Français, dit-il, ne vont pas au spectacle pour causer et badiner et se visiter de loge en loge, mais pour écouter et applaudir, s'il y a lieu; on se dirait à l'église ». Ceci fit comprendre à Cancellieri, à ce qu'il assure, pourquoi Charles-Quint avait coutume de dire que les Italiens étaient sages en apparence et en réalité, les Espagnols en apparence et non en réalité, les Français en réalité et non en apparence ; aphorisme qui pourtant ne paraît pas hors de conteste. On donnait ce soir là (c'était le 29 mars) le ballet d'Achille, si célèbre en son temps; il avait coûté, affirma-t-on à Cancellieri, près de trente mille francs. Le talent des danseuses françaises l'éblouit. « Autant les Italiens l'emportent sur les Français dans l'art de la musique, dit-il, autant ceux-ci l'emportent sur les Italiens dans l'art de la danse ; ils y sont d'une grâce et d'une légèreté inimitables. Les changements de scène se font avec une rapidité merveilleuse. Goldoni avait raison de dire qu'en France les théâtres sont le paradis des yeux et l'enfer des oreilles ».

La salle, qu'il décrit largement, lui sembla pouvoir contenir deux mille huit cents personnes ; il remarqua que le lustre, qui était à trois couronnes, n'était pas placé aussi bas qu'en Italie, ce qui permettait aux gens des petites places, de bien voir la scene.

Cancellieri assista également au cortège du bœuf gras, qu'on n'avait pas vu depuis douze ans ; il trouva le carnaval bien piteux et les masques peu nombreux ; à peine quelques moines et moinesses couraient-ils les rues, peut-être parce que c'était là l'unique travestissement que la police défendît.

Des Italiens de la suite du pape furent les seuls à égayer la fête ; vêtus en diables, avec des cornes sur la tête, qu'ils remuaient à leur gré, au moyen d'un système de cordons, ils se promenèrent en carrosse dans tous les boulevards, au grand amusement de la foule. Les tire-laine firent leur carnaval aux dépens de Monseigneur Testa, secrétaire des lettres latines, à qui fut volé sa montre, et du médecin Porta, qui perdit sa superbe tabatière.

Cancellieri avait la passion des livres ; on en trouva chez lui, à sa mort, d'innombrables, mais assez pauvres d'aspect en général. Il ne pouvait manquer de visiter la Bibliothèque impériale.

Bien que dans les galeries on gelât, parce que, crainte d'incendie, elles n'étaient point chauffées, Cancellieri les trouva pleines d'hommes et de femmes qui lisaient ou écrivaient assidûment, à de petites tables ; de cette promiscuité ne naissait, lui fut-il assuré, aucun désordre ; jamais un propos inconvenant n'avait été surpris. La Bibliothèque était ouverte de dix heures à deux heures. Comme l'Opéra se trouvait situé en face (1), il était question de la transférer au Louvre. Cancellieri retourna à la Bibliothèque en compagnie du pape, à qui on montra, entre autres curiosités, un Tite Live qu'une bombe avait en partie brûlé à Lyon, des tablettes de cire contenant les comptes de Philippe le Bel, un manuscrit de Galilée, un autographe de Vinci, un Virgile annoté par Pétrarque, la correspondance d'Henri IV avec Gabrielle d'Estrées, le manuscrit original de Télémaque, celui des Pensées de Pascal, les mémoires de Louis XIV, écrits de sa main. On eut soin cette fois de ne point lui montrer les objets d'art enlevés aux collections de Rome, camées, manuscrits, au nombre de mille, médailles. Les galeries étaient encombrées de gens qui imploraient à genoux sa bénédiction. D'ailleurs, partout où il se rendait, le

(1) Il s'agit de la salle construite en 1793, par l'architecte Louis.

pape était accueilli par les mêmes marques de vénération personnelle et de piété. Au faubourg Saint-Antoine, qui avait été, comme le dit Cancellieri, le foyer des mouvements révolutionnaires, il fut acclamé ; plus de vingt mille personnes défilèrent devant le trône que le curé de l'église Sainte-Marguerite, où il était allé dire la messe, fit placer à son intention dans la rue ; beaucoup se prosternaient, les mères amenaient leurs enfants ; la presse fut extrême et l'on eut quelque peine à dégager le pape. La seconde fois qu'il visita le Louvre, il y trouva également une foule infinie venue pour obtenir sa bénédiction, la longue galerie du bord de l'eau en était pleine. Les grandes dames, bien entendu, n'étaient pas les moins exaltées. Madame de Jaucourt (1), dans l'amitié de qui l'abbé Cancellieri était fort avant, le supplia de lui obtenir un bonnet de nuit et des cheveux du pape, dont elle comptait faire des reliques. Ces manifestations de piété n'allaient pas parfois sans quelques désordres que Cancellieri a trop d'onction pour relater.

Depuis le 15 décembre, le pape visitait sans relâche Paris et ses environs sous la conduite de Denon (2), à qui l'empereur, qui tenait à faire admirer à son hôte toutes les beautés de sa capitale, avait confié le soin de lui servir de guide. Quand il ne devait pas sortir de la ville, on le promenait, lui et sa suite, dans trois carrosses à deux chevaux conduits par les cochers de la cour, portant la livrée impériale et non par les cochers que le pape avait amenés de Rome ; quand il dépassait les barrières, il avait trois carrosses, dont un à huit chevaux et deux à six ; vingt hussards l'accompagnaient toujours ; c'était la même escorte que pour l'empereur.

Durant une visite à la Monnaie, on frappa sous les yeux du saint père une médaille qui portait au recto son effigie, au verso le gonfalon de l'Église avec les clefs et en légende,

(1) Femme de Arnail François, marquis de Jaucourt, sénateur depuis le 30 octobre 1803.

(2) Le baron Denon était directeur général des musées.

*Pius VII P. M. Hospes Napoleonis*(1). Cancellieri visita ensuite avec le pape l'Imprimerie impériale où quatre-vingts presses, dont quelques-unes de métal, occupaient huit cents ouvriers et cent femmes. Cancellieri, en apprenant que le directeur recevait six mille écus par an, plus un paoli (2) par feuille imprimée songea que son maître, qui était directeur de l'imprimerie de la Propagande, n'avait que six écus par mois, mais l'honneur, ne manque pas d'ajouter Cancellieri, est aussi grand.

On n'épargna au pape aucune des curiosités de la capitale ; il dut aller voir tous les monuments, les hospices, l'hôtel-Dieu où se trouvaient alors quatre mille malades, les monastères, les églises, ainsi que Saint-Cloud, la Malmaison, Versailles. A Versailles, dans la galerie des glaces, qui a vu tant de cérémonies diverses, il donna sa bénédiction à une foule immense accourue de toutes parts.

Lorsqu'il parlait de s'en retourner à Rome qu'un terrible débordement du Tibre avait, au mois de février, en partie ruinée, l'empereur lui répondait qu'il avait eu trop de regret de l'obliger à venir avec tant de hâte, au cœur de l'hiver, pour permettre qu'il s'en retournât avant la belle saison. Il refusa même de laisser partir aucune personne de sa suite, car on aurait pu penser, disait-il, qu'il voulait économiser sur la dépense.

Cependant cette sorte d'obligeante détention ne pouvait se prolonger. Vers la fin de mars, Napoléon consentit enfin à laisser le pape l'entretenir de son départ.

Cancellieri se hâta donc de compléter les achats dont ses amis de Rome l'avaient chargé ; pour l'un, il réunissait des médailles « de tout métal et de toute espèce » ; pour un autre, les œuvres d'Alfieri et quelques ouvrages français ; pour un troisième, les portraits gravés des hommes illustres de la

(1) Cf. MILLIN et MELLINGEN, *l'Histoire métallique de Napoléon*, 1854.

(2) Le paoli valait environ un demi franc.

France; pour une noble romaine, il fit emplette de gants de Grenoble. Ces achats épuisèrent si complètement sa bourse laquelle, on se le rappelle, n'avait jamais été bien pleine, qu'il se vit obligé d'emprunter.

Pour lui-même, il ne voulut rien emporter, si ce n'est une paire de lunettes à branche d'argent et à manche d'écaille qui lui coûtèrent trente livres, non pas qu'il eût de l'avarice, mais apparemment parce qu'il se sentait quelque dépit de s'en retourner les mains vides, alors qu'il était arrivé avec l'espérance de recevoir de beaux présents, comme on en aurait fait à Rome en pareille circonstance. Il n'avait pas même reçu un exemplaire de la médaille frappée devant lui à la Monnaie! Seule, madame de Jaucourt lui remit un encrier, cadeau sans doute symbolique, qu'il fit accepter à son retour à la duchesse Grillo de Mondragone. Tout au contraire les quatre évêques, les deux princes, le marquis Sacchetti, Mgr. Nazali, le majordome Testa, le porte-croix Speroni, d'autres encore avaient été gratifiés par les soins du sénateur Very, les uns de solitaires, les autres de diamants en rose qui valaient au moins mille écus; en outre, une somme de trente-deux mille francs avait été répartie entre eux; les évêques eurent chacun six cents francs; les autres de trois à quatre cents; plus, des médailles et des tabatières que leur remit l'archichancelier (1). Deux jours avant le départ, les cardinaux, qui n'avaient encore reçu que quelques médailles de peu de valeur, furent convoqués chez le ministre Talleyrand; ils devinèrent sans peine qu'il comptait leur distribuer les largesses dont l'empereur voulait les gratifier. Antonelli trouva offensant qu'on fit venir les cardinaux pour leur donner leurs présents, alors qu'on avait porté les leurs aux évêques et, s'ils avaient écouté son avis, ses collègues se seraient abstenus de se rendre à l'invitation du ministre, mais

(1) C'est ce que dit Cancellieri; en réalité l'empereur fit remettre cinq mille francs à chacun des quatre évêques, quinze cents francs à Mgr. Vaschi que avait tenu la mitre, douze cents à Speroni, le porte-croix, etc.

ils estimèrent, dit Cancellieri, qu'il ne fallait pas, pour une question d'étiquette, altérer les excellentes relations qui avaient existé jusque-là entre le gouvernement impérial et eux (1). Chacun eut une tabatière d'or émaillée, entourée de vingt-deux brillants, avec la miniature de l'empereur sur le couvercle, d'une valeur d'au moins quatre mille écus. L'empereur allouait de plus à chaque cardinal une pension annuelle de plusieurs milliers de francs; ils la refusèrent afin qu'on ne pût leur reprocher d'être venus à Paris en vue de leur propre avantage.

On parla de leur donner aussi des anneaux et des rochets, mais ils durent finalement se contenter de leurs tabatières (2).

L'abbé ne connaissait des lieux de divertissements de la capitale que le Palais-Royal et Frascati; il ne put se résoudre à s'en aller sans voir les autres.

La veille de son départ, il entreprit donc de faire une grande débauche et s'en fut en hâte, d'abord au jardin de Tivoli, rue Saint-Lazare, où avaient lieu, lui dit-on, le jeudi et le dimanche, des fêtes que terminait un feu d'artifice; malheureusement c'était un mercredi. Le jardin était partagé en deux parties: l'une dessinée à la française, l'autre à l'anglaise et « pleine de bosquets charmants et d'allées délicieuses »; de là, il passa au « jardin italien » et aux Champs-Elysées, « tenus par divers particuliers et où se donnent des fêtes et se font des jeux », visita le pavillon de Hanovre, formé d'une partie du jardin du maréchal de

(1) Les « excellents rapports », dont parle le bon abbé, ne l'étaient guère qu'en apparence, et encore ! Le refus de l'empereur d'accéder aux réclamations de Pie VII et ses atermoiements pour exécuter les promesses qu'il lui avait faites avaient déjà amené beaucoup de froideur entre les deux cours.

(2) Cancellieri ne fait point mention des présents offerts au pape et qui pourtant furent magnifiques; il reçut une superbe trirègne, des tapisseries des Gobelins et de la Savonnerie, une statue de l'empereur en porcelaine de Sèvres, des vases. La trirègne était ornée de brillants, de rubis, de saphirs, d'émeraudes, dont l'une avait appartenu longtemps au trésor pontifical : l'empereur trouva adroitement ce moyen de la restituer.

Richelieu, et y vit le panorama qui représentait Londres illuminé (1). Pour se reposer de ses longues promenades à travers les Édens parisiens, il prit des rafraîchissements au café des Cent-Colonnes tout garni de glaces et dans un autre où se voyaient « les costumes de toutes les nations du monde rangées dans des vitrines le long du mur » ; enfin, il monta dans plusieurs salles du Palais-Royal remplies de gens qui jouaient au pharaon des piles de louis.

Le lendemain, jeudi 4 avril, après quatre mois et huit jours de séjour, le pape et sa suite quittèrent Paris dans les voitures de la cour qui les conduisirent jusqu'au premier relai à Fontainebleau, où l'on arriva vers trois heures. Cancellieri eut le temps de visiter l'Ecole militaire dans laquelle se trouvaient trois cent-soixante jeunes gens (2).

Cancellieri conclut son récit en remarquant que si l'astronome de Lalande avait raison d'affirmer, non sans amertume, que chaque jubilé avait fait reculer de dix années l'incrédulité, on pouvait assurer que le voyage du pape à Paris lui ferait perdre cent ans (3).

E. Rodocanachi.

(1) « Dans cette société succédant à la Terreur, dit Chateaubriant dans les Mémoires d'Outre-Tombe, tout le monde craignait d'avoir l'air de posséder un foyer ; on se rencontrait dans les lieux publics, surtout au Pavillon de Hanovre. »

(2) L'équipage du souverain pontife se composait de six carrosses et de quatre fourgons. L'empereur était parti le 2 avril pour se faire couronner à Milan roi d'Italie.

(3) La relation de l'abbé Cancellieri ou plus exactement la copie qui en a été faite s'arrête à l'arrivée à Fontainebleau, après la réflexion que nous rapportons.

AUXERRE. — IMPRIMERIE ALBERT LANIER, RUE DE PARIS, 43.

www.ingramcontent.com/pod-product-compliance
Lightning Source LLC
LaVergne TN
LVHW010106230826
846091LV00005B/2112

* 9 7 8 2 0 1 3 3 8 2 6 3 2 *